COMPRENDRE
LA LITTÉRATURE

MIXTE
Papier issu de sources responsables
Paper from responsible sources
FSC® C105338

JEAN-JACQUES ROUSSEAU

La Nouvelle Héloïse

Étude de l'oeuvre

© Comprendre la littérature.

22 rue Gabrielle Josserand - 93500 Pantin.

ISBN 978-2-75930-488-2

Dépôt légal : Septembre 2023

*Impression Books on Demand GmbH
In de Tarpen 42*

22848 Norderstedt, Allemagne

SOMMAIRE

- Biographie de Jean-Jacques Rousseau...................... 9

- Présentation de *La Nouvelle Héloïse*...................... 15

- Résumé du roman...................... 19

- Les raisons du succès...................... 35

- Les thèmes principaux...................... 39

- Étude du mouvement littéraire...................... 45

- Dans la même collection...................... 49

BIOGRAPHIE DE
JEAN-JACQUES ROUSSEAU

Jean-Jacques Rousseau naît à Genève le 28 juin 1712. Son père, Isaac Rousseau, est horloger comme son père et son grand-père. Sa mère, elle-même fille d'horloger, est morte neuf jours après sa naissance. Son père est un homme cultivé et la bibliothèque de sa mère est bien fournie, ce qui permet au jeune garçon de s'ouvrir tôt à la culture et à la connaissance.

À la suite d'une querelle, le père de Jean-Jacques est contraint de quitter Genève ; il confie alors Jean-Jacques à son oncle, qui le met en pension chez le pasteur Lambercier à Bossey où il passe deux ans (1722-1724). Son oncle le place ensuite en apprentissage chez un greffier puis en 1725 chez un maître graveur.

À seize ans, en 1728, l'adolescent quitte sa ville natale.

Adressé à la baronne Françoise-Louise de Warens par le curé de Confignon, il renie le protestantisme et se convertit au catholicisme à Turin le 23 avril 1729, ce qui lui assure un petit pécule et surtout la protection de celle qu'il appelle « maman », alors qu'elle n'est que de treize ans son ainée. Il s'installe dans sa maison des « Charmettes », près de Chambéry, la même année. Commence alors son éducation sentimentale et amoureuse : Mme de Warens sera sa tutrice et sa maîtresse.

Rousseau reste douze ans sous la protection de la baronne, durant lesquels il entreprend plusieurs voyages à pied, s'installe à Chambéry en qualité de maître de musique, et s'instruit en autodidacte. Il étudie principalement en été chez Mme de Warens de façon éclectique, s'intéressant aussi bien aux mathématiques qu'au latin ou à la musique. C'est aux « Charmettes » que Rousseau écrit son premier livre, *Le Verger de Madame la baronne de Warens*, en 1739.

Mais bientôt son existence précaire déçoit Mme de Warens qui lui préfère un autre protégé. Tombé en disgrâce, Jean-Jacques s'éloigne.

Arrivé à Paris en 1742, Rousseau tente d'exploiter un système de notation musicale de son invention et publie successivement *Projet concernant de nouveaux signes pour la musique et Dissertation sur la musique moderne*. Cependant, le succès n'est pas tout de suite au rendez-vous. Cette même période voit le début de ses amitiés avec Diderot et Mme d'Épinay.

Il est ensuite secrétaire de l'ambassadeur de France à Venise, le comte de Montaigu, en 1743 et 1744, avant de démissionner.

Il rencontre l'année suivante une modeste servante d'auberge, Thérèse Levasseur, avec qui il aura quatre enfants, tous confiés aux Enfants Trouvés, l'assistance publique de l'époque. Son père meurt en 1747.

Il publie plusieurs articles sur la musique, ainsi que l'article intitulé « Économie politique », dans *L'Encyclopédie* de 1749.

L'année suivante, son *Discours sur les sciences et les arts* (dit *Premier Discours*) bouleverse la vie de Rousseau. Le caractère paradoxal des thèses qui y sont exposées (le progrès est synonyme de corruption) et le brio avec lequel il utilise toutes les ressources de la rhétorique font de lui un auteur à la mode, d'autant plus qu'à peine deux ans plus tard, il obtient un succès éclatant auprès du roi Louis XV avec son opéra *Le Devin du village* (1752).

Méprisant la gloire qu'on attache à son nom, Rousseau renchérit avec son polémique *Discours sur l'origine et les fondements de l'inégalité parmi les hommes* (dit *Second Discours*), paru en 1755, et achève de se brouiller avec ses amis encyclopédistes avec la *Lettre à D'Alembert sur les spectacles* (1758) où il réfute un article de D'Alembert paru dans le tome VII de *L'Encyclopédie* en 1757.

Il fuit Paris de 1756 à 1762 et s'installe à la campagne avec

Thérèse où il subsiste en copiant des partitions de musique.

Sa passion pour Mme d'Houdetot coïncide avec la parution en 1761 de son unique roman : *La Nouvelle Héloïse*, qui obtient aussitôt un succès foudroyant.

L'année suivante voit la parution de deux œuvres majeures, *Émile ou De l'éducation* et *Le Contrat social*. Les deux ouvrages sont interdits en France, aux Pays-Bas, à Genève et à Berne.

Se sentant de plus en plus persécuté (un mandat d'arrêt est promulgué contre lui), Rousseau effectue un voyage à Neuchâtel puis gagne l'Angleterre en 1765 avec le philosophe David Hume. Les deux hommes se brouillent rapidement. C'est à Wootton, en Angleterre, qu'il rédige les premiers livres des *Confessions*.

Rentré en France, après avoir effectué quelques séjours, entre autres chez le prince de Conti sous un faux nom, Rousseau s'installe finalement à Paris et se livre à sa passion pour la botanique.

Toujours obsédé par l'idée d'un complot international contre lui, il achève en 1770 pour se justifier *Les Confessions* et entame à partir de 1772 la rédaction des *Dialogues, ou Rousseau juge Jean-Jacques*.

Deux ans avant sa mort, il semble arriver à une sorte de trêve dans son délire paranoïaque avec la composition des *Rêveries du promeneur solitaire*.

Il meurt, semble-t-il d'un accident vasculaire cérébral, le 2 juillet 1778, chez le marquis de Girardin. Il fut inhumé sur l'île des Peupliers avant que la Convention décide du transfert de ses cendres au Panthéon en 1794.

PRÉSENTATION DE LA NOUVELLE HELOÏSE

Julie ou la Nouvelle Héloïse est un roman épistolaire de Jean-Jacques Rousseau paru en 1761 chez Marc-Michel Rey à Amsterdam. Maintes fois réédité, il a été l'un des plus grands succès de librairie de la fin du XVIIIe siècle. C'est l'unique roman de son auteur, qui avait plus la vocation de philosophe que celle de romancier. Ce roman est toutefois considéré comme précurseur du romantisme en France, et inspirera de nombreux auteurs représentatifs de ce mouvement tels Chateaubriand, Laclos ou encore Mme de Staël.

Intitulé à l'origine *Lettres de deux amants, habitants d'une petite ville au pied des Alpes*, le roman s'inspire largement d'une correspondance datée du XIIe siècle, entre le philosophe scolastique Abélard et son amante Héloïse. Cette histoire populaire, où un précepteur et son élève vivent malgré tout un amour interdit, est symbolique du message transmis par Rousseau dans *La Nouvelle Héloïse*. L'amour véritable se situe au-dessus des conventions sociales, au-delà même de la vie matérielle ; il s'agit d'adapter son action à ce que veut la société, en fonction de son propre sentiment authentique, de son identité profonde, sans pour autant faire fi de la morale chrétienne.

L'histoire de Julie dans le roman de Rousseau est d'ailleurs très similaire à celle d'Héloïse, d'où le titre du livre.

La Nouvelle Héloïse présente la correspondance amoureuse entre Julie d'Étanges, une jeune noble, et son précepteur, Saint-Preux, d'origine roturière. Ayant mis sa cousine Claire dans la confidence, Julie interroge son amant et son cœur sur l'avenir de leur relation. Conscients de l'impasse où ils se trouvent au vu de leurs conditions sociales respectives, Saint-Preux et Julie vont malgré tout s'aimer en secret dans le décor du lac Léman. Leur amour restera cependant chaste, jusqu'à ce que Julie trouve le moyen de s'unir à son amant le temps d'une nuit. Les soupçons de la mère de Julie se faisant de plus en plus pressants, Saint-Preux quitte la Suisse pour Paris et Londres d'où il continue d'écrire à Julie. Pendant son absence, la famille d'Étanges, ayant découvert cette relation, persuade Julie d'épouser un autre homme, le vieux M. de Wolmar, compagnon d'arme et ami intime du baron d'Étanges. S'ensuit une période de six ans sans correspondance entre les anciens amants, au cours de laquelle Saint-Preux effectue un voyage autour du monde. À son retour, Julie est l'heureuse mère de deux enfants, et une épouse irréprochable. Incapable pourtant d'oublier Saint-Preux, Julie décide, par loyauté, d'avouer cet amour à son mari, qui, d'une intelligence et d'une patience rares, conçoit de faire de cet importun son ami et le précepteur de ses enfants. Dévoré par son amour pour Saint-Preux et par sa culpabilité, Julie finira par mourir, non sans avoir tenté de persuader son amant d'épouser sa chère cousine, devenue veuve pendant l'exil de Saint-Preux.

Le roman de Rousseau est devenu un grand classique, bien que tombé quelque peu en désuétude. En effet son côté archaïque (déjà pour l'époque de sa publication), ne correspond plus, dès le début du XIXe siècle, aux attentes des lecteurs de roman. Il reste cependant une inspiration immense pour toute la génération d'auteur qui suit, par ses principes philosophiques et ses thèmes romantiques. L'histoire d'amour et les longs dialogues de *La Nouvelle Héloïse* servent en effet de prétexte à l'exposé des idées philosophiques de l'auteur sur des sujets aussi variés que l'éducation, les mœurs aristocratiques, les conventions sociales ou encore la religion.

RÉSUMÉ DU ROMAN

Ce roman épistolaire se divise en six parties composées des différentes lettres et billets que s'échangent les protagonistes. Nous avons choisi de diviser chacune des six parties en plusieurs sous-parties selon l'avancement chronologique du récit.

Première partie

Lettres I à XVIII :

Dans une « petite ville au pied des Alpes », deux amants entretiennent une relation amoureuse par le biais d'une correspondance intense. On apprend dès la première lettre qu'il s'agit d'une jeune fille, Julie, fille du baron d'Étange, et de son précepteur, Saint-Preux, introduit dans cette noble maison par la volonté de la mère de Julie pour instruire sa fille. Leur amour doit rester secret et seule Claire, cousine et confidente de Julie, est au courant. Celle-ci ne voit guère d'un bon œil cette relation impossible, persuadée qu'elle fera le malheur des deux jeunes gens.

Cependant leur amour reste chaste, et Julie persuade toujours un peu plus son amant que le bonheur qu'ils partagent est en grande partie dû au respect dont Saint-Preux fait montre en ne cherchant pas à éprouver les plaisirs et les jouissances qui vont habituellement avec l'amour.

Pour le récompenser, elle parvient à organiser une rencontre dans un bosquet situé non loin de la demeure familiale. Les amoureux échangent là un baiser qui résonnera longtemps dans le cœur de Saint-Preux, rendant dangereuse la proximité toujours grandissante des amants.

Pour ne pas éveiller les soupçons, Julie demande à son aimé de partir quelques temps dans le Valais, un canton suisse, sous prétexte d'affaires personnelles à y régler. Elle donne pour ce faire de l'argent à son ami, que celui-ci refuse dans un premier temps, arguant que la proposition offense son honneur. Julie le persuade finalement d'accepter et Saint-Preux s'éloigne.

Lettres XIX à XXX :

Une fois à Sion, Saint-Preux découvre avec émerveillement la campagne environnante et les mœurs délicieuses de ses habitants. Il continue d'écrire à Julie, lui décrivant son voyage et lui témoignant son désarroi de ne pas être près d'elle. Pendant l'exil du jeune précepteur, le baron d'Étange est rentré parmi les siens, et suite à une discussion à propos de Saint-Preux, il souhaite lui allouer une somme d'argent mensuelle pour le récompenser de ses services. Saint-Preux répond à Julie qu'il ne saurait accepter et se déshonorer en séduisant la fille de son employeur.

Il quitte Sion et prend une chambre à Mieillerie, sur la rive opposée à la ville où se trouve Julie, et découvre un promontoire surplombant la rivière d'où il peut observer la demeure de son adorée. De là, il écrit ses lettres, et demande alors à Julie de le rejoindre et de fuir avec lui pour vivre une vie pauvre, mais où tous deux seront ensemble, puis évoque le suicide comme alternative.

Julie tombe gravement malade et Claire écrit à son précepteur pour lui demander de revenir, sentant que la maladie de sa cousine est en tous points attachée à son absence.

On apprend également que le baron d'Étange souhaite marier sa fille à l'un de ses amis, M. de Wolmar.

Lettres XXXI à LII:

Saint-Preux rentre donc. Il propose le mariage comme

seule possibilité pour les deux amants de faire de « l'amour le garant de la vertu ». Julie connaît l'impossibilité où elle se trouve d'accomplir son désir, et demande à son amant de présenter sa démission à sa mère pour étouffer les soupçons de cette dernière qu'elle sent de plus en plus méfiante.

Malgré cette décision, Saint-Preux continue de fréquenter la société des d'Étange et les amoureux se croisent dans le salon de Mlle d'Hervart, provoquant le trouble manifeste de Julie. Jalouse, cette dernière évoque dans une lettre le départ prochain de ses parents et la possibilité pour les amants de se retrouver dans un chalet en bordure de la ville. Cet heureux rendez-vous est malheureusement empêché par une mission que Julie confie à son ancien maître : il doit se rendre à Neufchâtel et veiller à la bonne marche du mariage entre Fanchon Regard, une amie de Julie, et Claude Anet. Saint-Preux s'acquitte de sa tâche, mais revient trop tard pour profiter de l'absence des d'Étange.

Pendant son absence, un voyageur anglais a demandé le séjour au château. Il s'agit de Milord Édouard Bomston, que Saint-Preux avait rencontré et apprécié à Sion. L'Anglais, qui n'est pas insensible aux charmes de Julie, fait découvrir à Saint-Preux la musique italienne, qui selon ce dernier surpasse largement la musique française.

Il renonce alors à la boisson après des reproches de Julie, qui lui demande instamment la prudence pour pouvoir conserver la nature de leur relation, mais l'exempte de son engagement à ne plus boire d'alcool.

Lettres LIII à LXV :

Selon un plan de Julie, les deux amants parviennent un soir à se retrouver et à enfin pouvoir jouir du bonheur d'être ensemble, dans un espace réduit, à l'insu des dormeurs de la maisonnée.

Lors d'un repas arrosé de punch, Milord Édouard évoque la sécheresse de Julie à son égard et sous-entend les faveurs reçues par Saint-Preux. En l'entendant cela, Saint-Preux se querelle avec lui, et l'affaire se conclut en une promesse de duel. L'affaire arrive aux oreilles de Julie par l'intermédiaire de Claire. La jeune femme écrit alors à son amant pour lui demander de renoncer au duel, et à Milord Édouard pour lui dire la justesse de ses propos et ainsi avouer la passion réciproque qu'entretiennent l'élève et son maître. Touché, l'Anglais se présente chez Saint-Preux pour lui demander pardon et l'entretenir de sa liaison. Reconnaissant en son ami un homme de qualité, il décide de proposer le mariage des deux jeunes gens au père de Julie, qui refuse et s'indigne. Claire informe Julie de cette dernière houleuse conversation, et lui demande pour son bien d'éloigner Saint-Preux.

Le père de Julie entre dans une mémorable fureur et gronde sa fille, lui interdisant de jamais revoir son maître. Désespérée, Julie écrit à sa cousine de faire partir Saint-Preux. Claire, sur le point de se marier avec M. d'Orbe s'acquitte de sa tâche avec peine, et promet de pourvoir à la relation épistolaire du jeune homme avec son ancien environnement. Milord et Saint-Preux s'en vont.

Seconde partie

Lettres I à XII :

Saint-Preux et Milord Édouard se dirigent vers le Valais. L'Anglais, qui veille sur son jeune ami, écrit en secret à Claire pour lui communiquer son idée d'héberger le couple en son domaine du comté de York, en Angleterre. Ils pourront s'y marier et y vivre en toute légalité. Julie prend connaissance de cette option et demande à sa chère cousine de décider pour elle. Claire, qui ne peut se résoudre à prendre une décision pour sa cousine, l'assure cependant qu'elle la suivra quelle que soit cette dernière.

Julie décide de rester avec ses parents, pour ne pas ajouter leur souffrance à la sienne dont elle s'estime la seule coupable. Elle en informe Milord Édouard. Celui-ci lui communique ses plans : il va retourner en Italie quelques mois et à son retour retrouvera Saint-Preux à Paris puis ils partiront ensemble à Londres. Là, Saint-Preux pourra assumer une carrière qui le rendra peut-être assez estimable aux yeux du baron d'Étange.

Découvrant la machination faite par ses amis à son insu, Saint-Preux croit à une trahison du noble Anglais, mais quand celui-ci lui montre les lettres et les raisons qu'il avait de les cacher, il se jette à ses genoux et reconnaît l'œuvre d'un ami dévoué. Saint-Preux reprend courage, et décide de continuer à vivre pour la gloire de Julie, qui lui jure dès lors de ne jamais épouser qui que ce soit sans son consentement, et l'implore de ne jamais l'oublier. Saint-Preux lui jure en réponse qu'il « mourra libre ou son époux », et pars pour Paris.

Lettres XIII à XXV :

Les premières lettres de Saint-Preux sur Paris décrivent un monde changeant où chacun avance masqué et où peu de place est faite à l'honnêteté et à la vertu. Julie le reprend bien vite et l'accuse de céder aux vices qu'il dénonce par le style de ses lettres. Elle ajoute également que Claire va très prochainement épouser M. d'Orbe et que tous deux sont heureux, malgré une sorte d'inquiétude chez Claire.

Les lettres suivantes continuent de décrire la vie parisienne, ses futilités, ses verbiages, ses faux-semblants dans lesquels

Saint-Preux se garde de tomber, bien qu'il en reconnaisse les séductions. Heureusement, la pensée de Julie, qui le corrige bien volontiers sur ses médisances, le rappelle sans cesse à lui-même.

Après avoir parlé du monde, des Français, du théâtre et d'autres particularités parisiennes, Saint-Preux s'attache à décrire les Parisiennes. Là encore, il leur trouve plus de défauts que de qualités, l'une d'elle étant de « dominer la mode » et de la commander au reste de l'Europe. Il fustige également la légèreté des mœurs de ces dernières, qui préfèrent semble-t-il l'argent à l'amour, et l'apparence au sentiment. Il est pourtant impressionné par le devoir que ces femmes se font des bonnes œuvres qu'elles prodiguent à volonté, et par l'esprit dont elles font preuve une fois le masque tombé. En définitive, il aime les Parisiennes pour ce qu'on leur reproche communément (leur caractère), et les hait pour ce qu'on loue chez elles (leur apparence).

Julie fait parvenir à son aimé une amulette censée porter bonheur et être un vecteur des sentiments entre les deux amants, ainsi que son portrait. Saint-Preux reçoit fébrilement le paquet, et dès lors accorde une inestimable valeur à son talisman, que Julie partage pour le sien. Il est moins content du portrait, qui selon lui manque d'âme, et le fera reprendre par un peintre de sa connaissance.

Il écrit également à Claire, désormais Mme d'Orbe, pour lui faire une description très négative de l'Opéra.

Lettre XXVI à XXVIII :

Saint-Preux se retrouve entraîné dans un repas par des amis de sa connaissance, qui lui reprochent de conserver ses mœurs antiques. Les femmes présentes à ce repas manquent absolument d'esprit, mais guère de charme, et le vin aidant,

Saint-Preux commet l'irréparable et recouvre ses sens dans les bras de l'une d'elles. On comprend que le jeune homme a été attiré dans une maison close. Il décrit sa faute dans une lettre à Julie, et lui dit être prêt à endurer sa rigueur et le châtiment qu'elle choisira.

Julie ne condamne pas tant l'endroit que les fréquentations, et reproche plus à son amant de n'avoir pas fui immédiatement que d'avoir commis un acte où il se déshonore plus qu'il l'offense. Elle continue sa lettre en sermonnant Saint-Preux sur le manque de caractère dont il fait preuve en adoptant le style et les mœurs parisiennes, et lui reproche enfin de faire à son ami Milord Édouard des récits bien plus valorisants et positifs que ceux qu'il fait à celle qui connait si bien son cœur.

La dernière lettre de Julie est alarmante : elle ne trouve plus les lettres là où elles y sont habituellement, leur secret et leur cache sont découverts. Avant d'aller affronter ses parents, elle demande à son amant de ne plus lui écrire.

Troisième partie

Lettres I à XVI :

Mme d'Orbe écrit à Saint-Preux pour lui demander d'oublier Julie, de mettre fin à leur relation, pour son propre bien et celui de sa famille. Elle avoue que Julie était promise dès le retour du baron. L'ancien précepteur écrit alors à Mme d'Étange pour lui dire de se rassurer et qu'il ne viendra plus troubler le bonheur de sa famille : il jure de ne plus écrire ni de ne plus voir Julie.

La mort de Mme d'Étange est l'occasion d'une lettre de Julie à son aimé : elle jure de remplacer dans son cœur son amour impossible par le deuil de sa mère, et conclut sa lettre par ces mots : « Adieu pour jamais. »

Le baron écrit à Saint-Preux pour le sommer de rendre sa liberté à Julie, et joint un billet de cette dernière l'approuvant. Le jeune homme répond par la positive, non sans dire au cruel et inflexible baron ce qu'il pense de lui. Julie tombe malade.

Apprenant par la dernière lettre de Julie l'état où elle se trouve, Saint-Preux se rend sans tarder au château d'Étange, et la complicité des d'Orbe lui permet de voir un instant Julie inconsciente, atteinte de la petite vérole qu'il s'inocule en baisant furieusement sa main. On apprend par la suite que, rejoint par Milord Édouard à Dijon, il est en bonne santé.

Apprenant la venue de Saint-Preux, qu'elle prenait pour un délire dû à la maladie, Julie lui écrit que sans renoncer à faire le bonheur de tous ses proches, elle lui confie pour toujours son cœur et son amitié. Celui-ci lui répond qu'il forme les mêmes vœux, et qu'il suivra donc Milord Édouard en Angleterre, mais que chaque année il reviendra secrètement près d'elle.

Lettres XVII à XX :

Une lettre de Mme d'Orbe apprend à Saint-Preux que Julie s'est mariée avec M. de Wolmar. Le jeune homme reçoit là-dessus une longue lettre de Julie : elle y revient sur leur histoire, sur ce qu'elle appelle désormais leurs égarements, sur ses sentiments durant l'évolution de leur relation, point par point. Elle dit avoir trouvé dans le mariage et la religion le calme et la tranquillité de l'âme, et ne souhaite rien moins que d'appliquer les préceptes de la vertu et de la fidélité à son mari exigés par l'autorité suprême. C'est en ce sens qu'elle confie à Saint-Preux le soin de comprendre l'état d'esprit où elle se trouve à présent, et lui demande d'accepter qu'elle parle de leur histoire à son mari en le nommant, car c'est la seule entorse à la vertu dont elle s'estime encore coupable, M. de

Wolmar n'étant pas au courant des antécédents amoureux de sa jeune épouse. Elle dit continuer à aimer Saint-Preux mais renonce à lui, à leur amour, et lui demande de respecter sa volonté en voyant désormais en elle une amie aimante et non une maîtresse.

Saint-Preux lui répond qu'il se plie à sa volonté et demande en conséquence à Julie de l'oublier, mais qu'il ne saurait trop lui conseiller de ne pas parler de lui à son mari, qui pourrait mal réagir, et d'attendre pour cela de le connaître mieux. Il exige également de savoir si Julie est heureuse.

Julie répond qu'elle ne saurait être plus heureuse, et consent à suivre le conseil de son ami. Elle décrit les raisons de son bonheur en la personne de son mari, et souhaite à Saint-Preux de suivre le chemin de la sagesse et du bonheur, après trop d'égarements. Elle conclut sa lettre en demandant à ce que cesse leur correspondance.

Lettres XXI à XXVI :

Saint-Preux écrit une longue lettre à son ami Milord Édouard, où il discute les vertus du suicide en philosophe, résout de les appliquer et propose à l'Anglais, également malheureux, d'en faire de même. Bomston lui répond qu'il s'égare, et lui démontre bien vite l'inanité de ses propos, l'exhortant à vivre au moins pour aider les nécessiteux.

Se présente alors une occasion pour Saint-Preux d'occuper avec intérêt son désespoir : Bomston l'inscrit, sur son accord, à l'équipage d'une mission navale de trois ans faisant le tour du monde, en passant par l'Inde. Saint-Preux sera Ingénieur des troupes de débarquement. Il écrit une dernière lettre à Mme d'Orbe avant son départ, pour dire adieu et jurer de reparaître devant elle et Julie digne de leur considération. On apprend que Julie est entre temps devenue mère.

Quatrième partie

Lettres I à VI :

Après un voyage de près de quatre ans, Saint-Preux revient en Suisse et annonce son retour à Claire. Les choses ont bien changé en son absence : Claire est veuve et mère d'une petite fille, le ménage des de Wolmar fonctionne à merveille et s'est enrichi de deux fils. Alors que Claire et Julie songent à réunir leurs deux foyers, l'apparition de leur ancien maître éveille l'inquiétude et la joie de cette dernière, qui avoue finalement son secret à son mari. Celui-ci réagit idéalement en invitant le philosophe à s'établir dans la demeure familiale de Clarens.

Lettres VII à XVII :

Le séjour de Saint-Preux à Clarens se passe sans heurts, malgré la proximité toujours excitée des anciens amants et l'inquiétude constante de Julie, qui s'en ouvre à sa cousine. Saint-Preux, dans une longue lettre à Édouard, décrit avec précision et philosophie la vie en compagnie de ses bienfaiteurs, le fonctionnement de la maison où la Fanchon a remplacé l'ancienne Babi, les améliorations pratiques et décoratives que Julie a portées au jardin, ses vues sur l'intelligence avec laquelle M. de Wolmar traite ses gens.

Ce dernier a quant à lui observé avec attention les deux jeunes gens. Il est persuadé qu'ils s'aiment toujours et conçoit de mettre leur vertu à l'épreuve en partant huit jours, sans toutefois trop s'inquiéter, car il est persuadé que ce qui les lie est une image du passé plus qu'une expérience du présent. De plus, Saint-Preux s'est pris d'une réelle affection pour lui et lui témoigne, ainsi qu'à Julie, beaucoup de respect et d'amitié. De son côté, M. de Wolmar confie à Claire son intention de faire de Saint-Preux le précepteur de ses enfants.

L'occasion d'une promenade en bateau mènera les anciens amoureux à Meillerie, où tous deux seront saisis d'une forte émotion, sans toutefois céder aux démons du passé. Julie avouera ne pas être heureuse, mais restera mystérieuse sur l'origine de ce sentiment. Tranquillisés par leur attitude vertueuse et le soulagement qu'ils en éprouvent, tous deux retournent à Clarens attendre le retour de M. de Wolmar.

Cinquième partie

Lettres I à V :

Édouard écrit à Saint-Preux pour lui recommander d'être plus sage et de se rendre disponible pour ses amis. Le philosophe lui donne raison dans sa lettre suivante, et s'emploie alors à expliquer avec minutie et enthousiasme l'économie et la vie privée de ses logeurs dans une longue lettre.

Dans la lettre suivante, Saint-Preux rend compte à son ami d'une longue et pertinente discussion dont le sujet est l'éducation des enfants, et où la conception qu'en ont les de Wolmar s'impose alors à son intelligence. Il conclut sa lettre en exhortant Bomston à venir les rejoindre dès que possible.

Édouard répond qu'il est en garnison en Flandres mais ne court aucun danger. Il demande à Saint-Preux de lui réécrire une lettre qu'il n'a jamais reçue où il était question semble-t-il des raisons de la tristesse de Julie.

La lettre suivante traite donc de l'athéisme de M. de Wolmar, source de tristesse pour sa femme, et de la foi de cette dernière, si pieuse et qui attache tant d'importance aux valeurs religieuses telles la vertu, et qui souhaite ardemment, avec Saint-Preux, convertir son mari.

Lettres VI à XIV :

L'arrivée définitive de Claire à Clarens et sa prise de fonction d'Intendante donne lieu à une scène de joie intense que Saint-Preux s'empresse de relater à son ami anglais. La saison est à présent celle des vendanges, et les vignobles de M. de Wolmar nécessitent alors une attention et un travail que les veillées du soir récompensent de leur joyeuse ambiance. Dans sa lettre à Édouard, Saint-Preux mentionne également sa totale réconciliation avec le baron d'Étange, avec qui il part régulièrement chasser la grive.

Le jeune homme apprend par Claire la volonté de Wolmar de faire de lui le précepteur de ses enfants. Il écrit pour lui dire sa gratitude et l'honneur qu'il en tire.

La lettre suivante nous apprend que Bomston est passé à Clarens prendre son ami pour se rendre à Rome. Saint-Preux écrit à Claire que la nuit suivant leur départ, il fit un rêve funeste incluant Julie qui le troubla infiniment. Bomston le presse alors d'aller voir Julie une dernière fois avant leur départ. Saint-Preux, sur le point d'arriver à Clarens, surprend une conversation entre Julie et sa cousine et, rassuré par le simple fait d'entendre leurs voix, fait demi-tour et rejoint son ami. Claire répond que s'il s'est débarrassé de toute peur, c'est à elle qu'il l'a transmise. Le rêve résonne étrangement dans son esprit et elle conçoit désormais une crainte insensée pour la vie de Julie. Elle presse cependant les deux amis de vite revenir et de s'établir définitivement à Clarens.

Saint-Preux écrit à M. de Wolmar pour lui dire son inquiétude concernant Milord Édouard. Celui-ci est en effet sur le point de faire un mariage qui ne saurait convenir à son rang et à son honneur, et Saint-Preux craint de ne pouvoir lui faire entendre raison.

La lettre suivante nous apprend que la conversation surprise par Saint-Preux dans l'Élysée a pour sujet l'amour naissant de Claire pour Saint-Preux, et Julie conseille alors à sa cousine, actuellement à Genève, d'épouser leur ancien maître.

Sixième partie

Lettres I à VIII :

Claire écrit de Lausanne, où elle est allée voir son père et son frère, à Julie, avant d'aller à Genève. Elle répond alors à Julie et à ses velléités de mariage qu'elle s'en remet entièrement à elle.

Édouard écrit à Wolmar pour l'assurer de la confiance qu'il peut avoir en Saint-Preux, « totalement guéri » selon lui. Il lui décrit ce que son jeune ami fit pour lui en Italie, à savoir l'éloigner de deux mariages tout aussi infamant l'un que l'autre et lui jurer une amitié fidèle à la place. Touché, Milord accepte et résout de venir s'installer à Clarens avec son ami, qui sera bien le précepteur des enfants Wolmar.

Alors que Claire écrit à Julie pour lui décrire la campagne et les mœurs genevoises, cette dernière s'emploie à tenter de convaincre Saint-Preux de l'intérêt général de son union à sa cousine. Celui-ci refuse au prétexte qu'il ne saurait la rendre heureuse, n'étant pas en mesure de l'aimer autant qu'il aima Julie. D'ailleurs ce qui rapproche Saint-Preux et Claire est bien leur affection pour cette même Julie. Il rappelle également son serment de mourir libre s'il ne peut vivre avec Julie. Il place cependant son avenir et la décision dans la main de Julie, qui toujours lui commande avec raison.

Julie lui répond sans l'entretenir du projet de mariage. Elle s'étend sur les sentiments qui les lient tous les deux et sur sa prétendue dévotion, que Saint-Preux lui reproche. Elle conclut sa lettre en évoquant une prochaine visite au château de Chillon, en attendant l'arrivée de ses deux chers amis.

Lettres IX à XIII :

La première lettre, de Fanchon à Saint-Preux, nous apprend que Julie est mourante. Après avoir plongé au secours de son fils Marcellin, malencontreusement tombé à l'eau lors de la visite de Chillon, elle a contracté un mal dont elle ne se remettra pas.

M. de Wolmar prend alors la plume pour détailler à Saint-Preux les derniers jours de sa femme, ses derniers entretiens avec le pasteur et avec sa famille. Il décrit également les jours qui suivent cette tragique perte, le désespoir incrédule de Mme d'Orbe, des gens, des villageois. Claire dépose un voile sur le visage de Julie avant qu'on la mette en terre, et lance des imprécations qui font trembler tous les spectateurs. Après les funérailles, elle peine à reprendre ses fonctions dans la maison, à s'occuper des enfants.

Le veuf joint à sa lettre la dernière lettre de Julie à Saint-Preux, écrite alors qu'elle se sent sur le point de mourir. Elle y confesse son amour toujours subsistant pour son ancien amant, et se réjouit d'avoir continué à y résister. Elle quitte la terre sans regrets et dit attendre Saint-Preux dans l'autre monde où la vertu qui les sépara sur terre les réunira.

La dernière lettre du roman est de Claire pour Saint-Preux. Elle y exhorte son ancien maître et son ami anglais à venir partager la peine de la famille et des amis de Julie, et malgré les sentiments qu'elle éprouve pour Saint-Preux, elle l'engage à ne jamais se remarier, pour ne pas insulter la mémoire de Julie et l'amour qui les unit.

LES RAISONS
DU SUCCÈS

La Nouvelle Héloïse paraît dans sa première édition chez Marc-Michel Rey en 1761 à Amsterdam. C'est un succès immédiat et sans précédent dans la littérature française : le roman ne connaît pas moins de soixante-douze éditions entre la date de sa première édition et l'année 1800. Le roman épistolaire est présenté par Rousseau dans la tradition de l'époque : l'auteur n'est en fait qu'un compilateur. Il a trouvé fortuitement une correspondance qu'il livre au public selon la chronologie des événements qui y sont relatés. De ce fait, les lecteurs se prennent au jeu et Rousseau reçoit vite les innombrables témoignages des lecteurs, touchés par la vertu et le courage des héros, et demandant des nouvelles des personnages qu'ils admirent.

Le succès du roman est dû tout d'abord à la conjoncture. En 1761, la France connaît une période de progrès, économique et social. Le pays se dirige depuis quelques années vers un régime que l'on qualifie de despotisme éclairé, et les sujets du roi ont de plus en plus d'indépendance. Cette situation favorable leur ouvre les portes de l'instruction, et le nombre d'analphabètes diminue sans cesse, provoquant l'émergence d'une classe bourgeoise instruite et en mal de reconnaissance. Le roman de Rousseau s'adresse justement à ces populations, comme il le dit dans la préface : « Il faut des spectacles dans les grandes villes et des romans aux peuples corrompus. J'ai vu les mœurs de mon temps, et j'ai publié ces lettres. »

De plus, à cette date, Rousseau a déjà publié les deux *Discours* qui l'ont rendu célèbre et dans lesquels il s'est opposé au progrès et aux valeurs de son temps. Le paradoxe évident que constitue alors pour lui la composition d'un roman attire les curieux, de même que le parfum de scandale qui s'y attache, suite à la parution en 1740 de *Paméla ou la vertu récompensée* de l'écrivain anglais Richardson, duquel *La Nouvelle Héloïse* s'inspire ouvertement. La référence explicite à l'histoire d'amour du XIIe siècle entre Héloïse et le philosophe Abélard, bien connue et aimée des Français, assure au roman une certaine publicité.

La Nouvelle Héloïse tranche enfin avec le style du roman baroque auquel sont habitués les lecteurs du XVIIIe siècle : un récit plein d'aventures, de naufrages, de guerres et d'amour dans la tradition de *Candide ou l'optimisme* par exemple. Ici, et Rousseau en convient dans sa préface, le récit ne comporte pas réellement d'intrigue, les seules péripéties résident dans les crises amoureuses que traversent les deux protagonistes et dans l'opposition permanente à un oppresseur représenté par la figure paternelle du baron d'Étange.

Enfin le roman de Rousseau a certainement contribué à replacer la religion au cœur de l'éducation et de la morale française. En effet, depuis quelques années la société française connaît une désacralisation de son système et s'achemine de plus en plus vers le modèle de la société protestante anglaise. Avec *La Nouvelle Héloïse*, Rousseau, lui-même converti au catholicisme, vante, par la vertu de Julie et le combat spirituel qu'elle livre à son athée de mari M. de Wolmar, la foi chrétienne comme guide de morale. Ses personnages ne perdent jamais de vue cette valeur suprême, et Julie mourra d'ailleurs après avoir ému de sa dévotion celui qui vient lui donner les saint sacrements.

La Nouvelle Héloïse est donc un roman crucial, à la croisée de deux siècles, qui regroupe deux tendances opposées : un désir profond d'émancipation du moi, propre aux romantiques qui s'en inspireront au XIXe siècle, et une certaine nostalgie des valeurs et de la morale promulguées par le siècle passé.

LES THÈMES PRINCIPAUX

La Nouvelle Héloïse est un roman complexe qui aborde un très grand nombre de sujets, de la condition des domestiques au voyage exotique. Cependant tous ces sujets sont traités par les personnages de Rousseau autour d'un seul et même thème philosophique qui relève de l'éthique de l'authenticité des sentiments amoureux dans une société dominée par les principes moraux conventionnels et rationnels. Nous verrons cependant que, dans cette œuvre, plusieurs thèmes représentatifs du romantisme se dégagent, hormis le motif récurrent de l'amour impossible.

En premier lieu, le cadre du récit fournit à Rousseau un décor représentatif du modèle pastoral. Les montagnes suisses, le lac Léman sont autant de sujets alimentant la rêverie romantique des deux amants, et fournissant un cadre idyllique à leurs amours. Ainsi, les d'Étange sont des bourgeois de province, habitant et exploitant la campagne et ses ressources. Leurs vertus s'expriment autant par leur morale religieuse que par leur proximité avec la terre et ceux qui la cultivent. Ce sont des maîtres bons, qui invitent leurs domestiques à leurs fêtes et partagent avec eux les joies et les peines des vendanges (lettre VII, cinquième partie). La ruralité des héros du roman les associe ici, comme dans la tradition des romans du siècle, aux valeurs de simplicité et de pureté, et fait d'eux des êtres dont la seule corruption possible ne peut qu'émaner d'eux-mêmes.

Si les lieux ne semblent pas avoir d'influence sur les états d'âme des personnages (Saint-Preux en exil à Paris commettra avec horreur et presque à son insu le seul acte délictueux et condamnable du récit, et s'en repentira aussitôt), le temps quant à lui semble avoir une incidence bien différente. Même si les six ans d'absence de Saint-Preux n'ont pas altéré leurs sentiments réciproques, le temps aura affecté le ton de leurs lettres, le style de leur écriture. Rousseau donne ici à son roman une dimension polyphonique intéressante, chaque épistolier a son propre style, qui évolue tout au long du roman avec le temps : le style de Saint-Preux, chantant de concert avec Julie au début du roman devient plus mondain, plus mesuré après ses différents voyages. De même, celui de Julie devient bien plus sage et plus triste après son mariage et sa maternité.

La dimension épistolaire du roman est également très importante. Non seulement représentatif d'une mode et d'une tradition, le choix de ce média détermine l'action et l'évolution du récit. C'est toujours par une lettre qu'un événement survient, comme par exemple celle qu'envoie Saint-Preux de Mieillerie (lettre II, première partie) déclenchant la maladie de Julie. Rousseau cherche par là à abolir la distance entre la vie et l'écriture, à situer son roman dans le quotidien. Le résultat est l'implication constante du lecteur, qui suit l'action en temps réel avec les personnages, là où la tradition voulait que les lettres ne soient qu'un moyen de relater l'action d'un récit.

Enfin on ne peut tenter d'analyser les thèmes de *La Nouvelle Héloïse* sans parler du traitement philosophique que Rousseau fait du thème de la relation amoureuse. Alors qu'au début du roman Julie croit fermement, avec son amant, que tout ce que la nature place en eux est bon, car émanant de cette nature même (façon qu'elle a de se déculpabiliser de ne pas satisfaire aux attentes de ses parents et donc de la société), elle change de philosophie à la fin sous l'influence du rationalisme pratique de son mari M. de Wolmar. Celui-ci attribue des vertus morales et socio-économiques aux sentiments de cette dernière, et parvient de ce fait à la manipuler totalement et à organiser son ménage selon son entendement. Le dernier revirement de Julie qui avoue son amour pour Saint-Preux tend à montrer que les choix de la nature sont infaillibles, mais que ceux de la religion et donc de la vertu doivent les dominer. Julie meurt heureuse et l'âme en paix ; la morale prévaut à la nature. Le message de Rousseau peut paraître ambigu, d'autant plus que Wolmar, figure même de la philosophie, triomphe, mais perd son épouse. La philosophie et la religion se livrent donc un combat sans fin chez Rousseau, éveillant chez le lecteur un questionnement qui place la morale et les conventions sociales qui en découlent au centre du débat.

Néanmoins, *La Nouvelle Héloïse* est avant tout un hymne à l'amour, chanté avec une éloquence rare de distinction et d'érudition par les deux amants éternels que sont Julie et Saint-Preux.

ÉTUDE DU MOUVEMENT LITTÉRAIRE

Bien que Rousseau soit plus généralement considéré comme un philosophe que comme un écrivain, on peut censément le ranger dans la catégorie des écrivains romantiques, son seul roman étant *La Nouvelle Héloïse*, œuvre à l'origine du romantisme florissant dans la génération d'écrivain qui le suit directement. On définit d'ailleurs souvent Rousseau comme un pré-romantique. Nous choisissons donc de donner ici un aperçu aussi complet que possible des rapports évidents que présente le roman en question avec le mouvement romantique, avant d'énoncer les spécificités de l'œuvre de Jean-Jacques Rousseau prise dans son ensemble.

Le romantisme de Rousseau dans *La Nouvelle Héloïse* est avant tout reconnaissable au thème principal du roman : l'amour. En effet, bien que regroupant nombre de sujets plus variés, la correspondance de Julie et Saint-Preux traite principalement des sentiments qu'ils éprouvent l'un pour l'autre. Tous les autres sujets abordés sont en fait des variations autour de ce thème principal et vital pour eux. Avec ses personnages et le cadre de son action, le philosophe introduit, peut-être malgré lui, les motifs de la future école romantique.

Le romantisme est avant tout un état d'esprit. Il s'agit de sonder son âme et d'exprimer ses sentiments, de donner la primeur à l'émotion, au moi profond. C'est un mouvement nouveau, un désir d'émancipation que l'on retrouve partout dans le peuple et dans l'histoire, symbolisé par la Révolution, en rupture totale avec le classicisme moribond des siècles passés. La liberté, l'amour, le moi sont des valeurs qui priment sur toutes les autres, y compris la vie. On est prêt à se sacrifier pour ses idéaux, pour son bonheur.

Les écrivains romantiques sont en contradiction avec les philosophes des Lumières, qui cherchent, grâce à leur raison, à expliquer, à analyser les faits historiques et les états de la société. Les romantiques, quant à eux, trouvent dans le sentiment, dans la beauté, notamment celle de la nature, une expression de l'infini que chaque être humain porte en lui, et cherchent avant tout à l'exprimer par des mots. Il ne s'agit pas d'analyser des faits de manière empirique, mais bien d'exprimer l'inexprimable, « un état de l'âme, le vague des passions », pour reprendre l'expression de Chateaubriand. On peut se faire une idée plus ou moins précise de ce que représente le romantisme avec la définition qu'en donne Baudelaire au Salon de 1848 : « Le romantisme n'est précisément ni dans le choix des sujets ni dans la vérité exacte, mais dans la manière de sentir. Ils l'ont cherché en dehors, et c'est en dedans qu'il était seulement possible de le trouver. Pour moi, le romantisme est l'expression la plus récente, la plus actuelle du beau. Il y a autant de beautés qu'il y a de manières habituelles de chercher le bonheur. La philosophie du progrès explique ceci clairement ; ainsi, comme il y a eu autant d'idéaux qu'il y a eu pour les peuples de façons de comprendre la morale, l'amour, la religion, etc., le romantisme ne consistera pas dans une exécution parfaite, mais dans une conception analogue à la morale du siècle. [...] Il faut donc, avant tout, connaître les aspects de la nature et les situations de l'homme, que les artistes du passé ont dédaignés ou n'ont pas connus. Qui dit romantisme dit art moderne, – c'est-à-dire intimité, spiritualité, couleur, aspiration vers l'infini, exprimées par tous les moyens que contiennent les arts. »

Connu pour être le philosophe *Du contrat social* (1762), Rousseau a laissé une œuvre d'une force et d'une ampleur révolutionnaire. Il est l'initiateur du romantisme, mais également celui du genre de l'autobiographie avec *Les Confessions* (1765-1770). C'était également un musicien accompli et un moralisateur hors-pair. Son œuvre a contribué à l'élévation de la société au XIXe siècle, et reste une référence de l'esprit des Lumières.

DANS LA MÊME COLLECTION
(par ordre alphabétique)

- **Anonyme**, *La Farce de Maître Pathelin*
- **Anouilh**, *Antigone*
- **Aragon**, *Aurélien*
- **Aragon**, *Le Paysan de Paris*
- **Austen**, *Raison et Sentiments*
- **Balzac**, *Illusions perdues*
- **Balzac**, *La Cousine Bette*
- **Balzac**, *La Femme de trente ans*
- **Balzac**, *Le Colonel Chabert*
- **Balzac**, *Le Lys dans la vallée*
- **Barbey d'Aurevilly**, *L'Ensorcelée*
- **Barbey d'Aurevilly**, *Les Diaboliques*
- **Bataille**, *Ma mère*
- **Baudelaire**, *Les Fleurs du Mal*
- **Baudelaire**, *Petits poèmes en prose*
- **Beaumarchais**, *Le Barbier de Séville*
- **Beaumarchais**, *Le Mariage de Figaro*
- **Beauvoir**, *Mémoires d'une jeune fille rangée*
- **Beckett**, *En attendant Godot*
- **Beckett**, *Fin de partie*
- **Brecht**, *La Noce*
- **Brecht**, *La Résistible ascension d'Arturo Ui*
- **Brecht**, *Mère Courage et ses enfants*
- **Breton**, *Nadja*
- **Brontë**, *Jane Eyre*
- **Camus**, *L'Étranger*
- **Carroll**, *Alice au pays des merveilles*
- **Céline**, *Mort à crédit*

- **Céline**, *Voyage au bout de la nuit*
- **Chateaubriand**, *Atala*
- **Chateaubriand**, *René*
- **Chrétien de Troyes**, *Perceval*
- **Cocteau**, *La Machine infernale*
- **Cocteau**, *Les Enfants terribles*
- **Colette**, *Le Blé en herbe*
- **Corneille**, *Le Cid*
- **Crébillon fils**, *Les Égarements du cœur et de l'esprit*
- **Defoe**, *Robinson Crusoé*
- **Dickens**, *Oliver Twist*
- **Du Bellay**, *Les Regrets*
- **Dumas**, *Henri III et sa cour*
- **Duras**, *L'Amant*
- **Duras**, *La Pluie d'été*
- **Duras**, *Un barrage contre le Pacifique*
- **Flaubert**, *Bouvard et Pécuchet*
- **Flaubert**, *L'Éducation sentimentale*
- **Flaubert**, *Madame Bovary*
- **Flaubert**, *Salammbô*
- **Gary**, *La Vie devant soi*
- **Giraudoux**, *Électre*
- **Giraudoux**, *La Guerre de Troie n'aura pas lieu*
- **Gogol**, *Le Mariage*
- **Homère**, *L'Odyssée*
- **Hugo**, *Hernani*
- **Hugo**, *Les Châtiments*
- **Hugo**, *Les Contemplations*
- **Hugo**, *Les Misérables*
- **Hugo**, *Notre-Dame de Paris*
- **Huxley**, *Le Meilleur des mondes*
- **Jaccottet**, *À la lumière d'hiver*
- **James**, *Une vie à Londres*

- **Jarry**, *Ubu roi*
- **Kafka**, *La Métamorphose*
- **Kerouac**, *Sur la route*
- **Kessel**, *Le Lion*
- **La Fayette**, *La Princesse de Clèves*
- **Le Clézio**, *Mondo et autres histoires*
- **Levi**, *Si c'est un homme*
- **London**, *Croc-Blanc*
- **London**, *L'Appel de la forêt*
- **Maupassant**, *Boule de suif*
- **Maupassant**, *Le Horla*
- **Maupassant**, *Une vie*
- **Molière**, *Amphitryon*
- **Molière**, *Dom Juan*
- **Molière**, *L'Avare*
- **Molière**, *Le Malade imaginaire*
- **Molière**, *Le Tartuffe*
- **Molière**, *Les Fourberies de Scapin*
- **Musset**, *Les Caprices de Marianne*
- **Musset**, *Lorenzaccio*
- **Musset**, *On ne badine pas avec l'amour*
- **Perec**, *La Disparition*
- **Perec**, *Les Choses*
- **Perrault**, *Contes*
- **Prévert**, *Paroles*
- **Prévost**, *Manon Lescaut*
- **Proust**, *À l'ombre des jeunes filles en fleurs*
- **Proust**, *Albertine disparue*
- **Proust**, *Du côté de chez Swann*
- **Proust**, *Le Côté de Guermantes*
- **Proust**, *Le Temps retrouvé*
- **Proust**, *Sodome et Gomorrhe*
- **Proust**, *Un amour de Swann*

- **Queneau**, *Exercices de style*
- **Quignard**, *Tous les matins du monde*
- **Rabelais**, *Gargantua*
- **Rabelais**, *Pantagruel*
- **Racine**, *Andromaque*
- **Racine**, *Bérénice*
- **Racine**, *Britannicus*
- **Racine**, *Phèdre*
- **Renard**, *Poil de carotte*
- **Rimbaud**, *Une saison en enfer*
- **Sagan**, *Bonjour tristesse*
- **Saint-Exupéry**, *Le Petit Prince*
- **Sarraute**, *Enfance*
- **Sarraute**, *Tropismes*
- **Sartre**, *Huis clos*
- **Sartre**, *La Nausée*
- **Senghor**, *La Belle histoire de Leuk-le-lièvre*
- **Shakespeare**, *Roméo et Juliette*
- **Steinbeck**, *Les Raisins de la colère*
- **Stendhal**, *La Chartreuse de Parme*
- **Stendhal**, *Le Rouge et le Noir*
- **Verlaine**, *Romances sans paroles*
- **Verne**, *Une ville flottante*
- **Verne**, *Voyage au centre de la Terre*
- **Vian**, *J'irai cracher sur vos tombes*
- **Vian**, *L'Arrache-cœur*
- **Vian**, *L'Écume des jours*
- **Voltaire**, *Candide*
- **Voltaire**, *Micromégas*
- **Zola**, *Au Bonheur des Dames*
- **Zola**, *Germinal*
- **Zola**, *L'Argent*
- **Zola**, *L'Assommoir*

- **Zola**, *La Bête humaine*
- **Zola**, *Nana*
- **Zola**, *Pot-Bouille*